Jakob Böhme
Wege zum wahren Selbst

Aus den Schriften
des Mystikers und Theosophen

Herausgegeben und eingeleitet
von Gerhard Wehr

Insel Verlag

Zweite Auflage 1997
© Insel Verlag Frankfurt am Main und
Leipzig 1996
Alle Rechte vorbehalten
Satz: Hümmer GmbH, Waldbüttelbrunn
Druck: Nomos Verlagsgesellschaft, Baden-Baden
ISBN 3-458-19164-x

Hinführung

Jakob Böhme – ein Leben
aus der Stille heraus

Wie merkwürdig, da machen sich Menschen auf, das Verlorene zu suchen, scheuen weder Kosten noch Risiken, um irgendwo im Osten oder andernorts ihr Glück oder gar das Heil zu finden. Merkwürdig deshalb, weil die wenigsten dieser Sucher eine Ahnung von den spirituellen Traditionen besitzen, denen sie letztlich entstammen und die sie daher kennen sollten. Die wenigsten wissen, welche tiefe religiöse Erfahrung im Christentum beschlossen liegt, eine Erfahrung, die bis zur mystischen Erleuchtung reicht, bis zur Wandlung (Transformation), aus der ein neues Leben aufkeimt. Nicht selten kommt es freilich vor, daß einer auf dem – scheinbaren – Umweg, gleichsam von außen her, auf das geistig-geistliche Erbe stößt, das er nun seelenaktiv erwerben muß, ›um es zu besitzen‹.

Wer Jakob Böhme (1575-1624), dem schlichten schlesischen Schuster an der Wende vom 16. zum 17. Jahrhundert, begegnet, der mag überrascht sein, auf welch eine Fülle an Einsicht und Erfahrung er hier stößt, auf Einblicke in die Tiefe der Gottheit, in den Abgrund des Universums und in den Weg des Menschen, der durch einen tragischen Fall seine einstige Urbildlichkeit verloren hat, für den es aber die Wiedergeburt gibt: das neue Leben.

In seinen zahlreichen Schriften und Briefen tritt ein Mensch vor uns hin, der seinen Zeitgenossen, aber auch den Nachgeborenen ein spiritueller Meister und ein kundiger Seelenführer geworden ist. Dabei steht dieser lutherische Christ abseits der Lehrhäuser und der theologischen Schulen; ein Mann aus dem Volk, unscheinbar, – und dennoch ein Träger einer aus bisweilen dunklen Rätselbildern und Symbolgründen hervorleuchtenden Weisheit. Dieser Weisheit, der göttlichen Sophia, fühlt er sich verpflichtet. Sie bestimmt sein Wissen um Gott und Natur, um Mensch und Welt. Diese Weisheit ist es auch, die seine Suche nach Selbsterkenntnis und Welterkenntnis inspiriert hat. Insofern ist er legitimiert, sich immer wieder auf sie zu berufen.

Es ist wahr: selten hat ein Mann aus der Stille und aus der Enge seiner kleinbürgerlichen Verhältnisse heraus so nachhaltig auf seine Zeit und auf seine Nachwelt eingewirkt wie Jakob Böhme, der Görlitzer Schuhmachermeister, zugleich ein Mensch mit einer großen seherischen Begabung, als Autodidakt ein überaus fruchtbarer Schriftsteller. Bereits seine Zeitgenossen erkannten ihm den Titel ›Philosophus teutonicus‹, deutscher Philosoph, zu. Kein geringerer als Hegel erblickte in ihm den »ersten deutschen Philosophen«. Jedenfalls gehört Jakob Böhme zu den ersten, die am Vorabend des Dreißigjährigen Krieges das lutherische Bibeldeutsch mit einer Vollkommenheit angewandt haben, wie es nachmals etwa Goethe oder

Nietzsche vermochten. Tatsächlich erschließt sich manche Andeutung demjenigen, der mit der Lutherbibel einigermaßen vertraut ist.

Darüber sei nicht verschwiegen, welche unendliche Mühe er aufzuwenden hatte, um das in sich überstürzenden inneren Bildern Aufblühende so in Sprache umzusetzen, daß etwas von der Dynamik und von der Farbigkeit, ja Sinnlichkeit dieser ›übersinnlichen‹ Erfahrung mitteilbar wird. Der Leser der Böhmeschen Bücher nimmt an diesem Ringen mit der Sprache teil.

Wie lauten nun die Urteile jener, die bei ihm, der keine der ›hohen Schulen‹ von innen gesehen hat, in die Schule gegangen sind? Der Chor der Stimmen ist ebenso groß wie beeindruckend, sieht man von anderen ab, die von modischer fast food zehren, das heißt, schnell eingängige, im Vordergründigen verharrende Allerwelts-›Weisheiten‹ bevorzugen... – Beginnen wir mit Schelling. In seinem Spätwerk *Philosophie der Offenbarung* findet sich der rühmende Satz: »Man kann nicht umhin, von Jakob Böhme zu sagen, er sei eine Wundererscheinung in der Geschichte der Menschheit und besonders in der Geschichte des deutschen Geistes. Könnte man je vergessen, welcher Schatz von natürlicher Geistes- und Herzenstiefe in der deutschen Nation liegt, so dürfte man sich nur an ihn erinnern... Jakob Böhme ist wirklich eine theogonische Natur.«

Eine nicht weniger hohe Einschätzung erleben wir bei dem seinerseits nicht immer leicht erschließbaren großen (dem Wortsinne nach!) ›katholischen‹ Denker des frühen

19. Jahrhunderts Franz Xaver von Baader, der sich ausdrücklich als Schüler des Görlitzer Meisters bekannt hat. Und Friedrich Schlegel, einer der Exponenten der deutschen Romantik urteilt: »Jakob Böhmes Stil ist auf ewige Zeiten der eigentlich deutsche: biblisch und magisch. In Jakob Böhme ist der Kern der christlichen Poesie und Mythologie.«

Schlegels Freund, der früh vollendete Dichter und Aphoristiker der ›blauen Blume‹, Friedrich Leopold Freiherr von Hardenberg genannt Novalis, berichtet, welchen Eindruck die von Dunkelheiten und von jähen Erleuchtungen gesättigten Schriften Böhmes auf ihn gemacht haben: »Man sieht durchaus in ihm den gewaltigen Frühling mit seinen quellenden Kräften, die von innen heraus die Welt gebären ... einen wahren, auseinandergehenden Mikrokosmos.«

Doch als diese Geständnisse zu Beginn des vorigen Jahrhunderts niedergeschrieben werden, da ist der Same Böhmeschen Sinnens und Schauens im mitteleuropäischen Raum längst aufgegangen: nämlich in den Niederlanden, wo man zuerst Böhmes Manuskripte mit großem Eifer zu sammeln begann, wo sich eine Böhme-Gemeinde konstellierte, die die erste Gesamtausgabe im Jahre 1682 zum Druck befördern half. Hier lernte der Angelus Silesius Johannes Scheffler das Gedankengut seines schlesischen Landsmannes kennen. Schefflers berühmter *Cherubinischer Wandersmann* atmet Böhmes Geist.

Früh wurden Böhme-Schriften ins Englische übersetzt. Heute wissen wir, daß beispielsweise der englische Naturforscher Isaac Newton bei seinen physikalischen Entdeckungen von ihnen inspiriert wurde. Dem Gelehrtenstreit bleibe anheimgestellt, bis zu welchem Grade der Görlitzer Seher den nach mathematischen Gesetzmäßigkeiten Forschenden zu beeinflussen vermochte. Auch in Frankreich und in Rußland beachtete man die von Bildern und Symbolen durchsetzten Gedanken des Philosophus teutonicus. Wladimir Solowjow und Nikolai Berjajew beziehen sich immer wieder auf ihn. Böhmes weitreichende, über Europa sich erstreckende Wirkungsgeschichte hält somit mancherlei Überraschungen bereit.

In seinem Briefwechsel mit Reinhold Schneider kommt der in unseren Breiten freilich seit langem vergessene Philosoph Leopold Ziegler zu dem Urteil: »Jakob Böhmes Schriftchen ›Von der Gnadenwahl‹[1] möchte ich zu den tiefsten Erleuchtungen der ganzen Christenheit rechnen.«

Und als in den sechziger Jahren des 20. Jahrhunderts das Werk des französischen Jesuiten Teilhard de Chardin lebhaft diskutiert wurde, gab der Marburger Theologe und Geistesgeschichtler Ernst Benz, selbst ein bedeutender Böhme-Forscher, den Hinweis: »Jakob Böhme hat deutlicher als Teilhard den Grundgedanken der christlichen Anthropologie ausgesprochen.«

So ist es nicht verwunderlich, wenn unterschiedlichste Geister sich dem ebenso großen wie unscheinbaren Lehrmeister zugewandt haben, etwa Martin Buber und C. G.

---

[1] Jakob Böhme: Von der Gnadenwahl. Frankfurt: Insel 1995.

Jung, aber auch Rudolf Steiner und Ernst Bloch. Bloch hat dem anschauenden, dem dynamischen, die Gegensatzkräfte des Seins berücksichtigenden Denker einen Denkstein gesetzt, nämlich in seinen Leipziger Vorlesungen und auch in seinem Hauptwerk *Das Prinzip Hoffnung*. Blochs lapidares Urteil über Jakob Böhme lautet: »Dergleichen ward seit Heraklit nicht mehr gehört!«

Und um mit den Worten des amerikanischen Historikers William Bossenbrook vorweg eine geistesgeschichtliche Orientierung zu versuchen, kann man sagen: »Böhme ist das wichtigste Bindeglied in der Reihe der Denker, die sich von Meister Eckhart bis Hegel erstreckt; er verband die Ideen von Eckhart und Nikolaus von Kues, Paracelsus und Luther und formte sie zu einer Theosophie um, die im Laufe der Säkularisierung, der sie von Leibniz bis Hegel unterzogen wurde, jene Merkmale annahm, die im allgemeinen als der spezifisch deutsche Beitrag zur Philosophie angesehen werden.«[2]

Nur zur Philosophie? Nur mit dem Blick auf hinter uns liegende geistesgeschichtliche Abläufe? – Gewiß, ist der Zeitgenosse Giordano Brunos, Keplers und Galileis nicht aus seinem Ereigniszusammenhang herauszulösen, daran erinnert schon Böhmes Ausdruck. Aber seitdem ein neues Fragen nach der spirituellen Dimension der Wirklichkeit begonnen hat, wird man sich mit guten Gründen des Weggeleites dieses Mannes vergewissern, der als nachre-

---

[2] William Bossenbrook: Geschichte des deutschen Geistes. Gütersloh 1963, S. 158.

formatorischer Mystiker und als Theosoph, als anschauender Denker und als weltzugewandter Christ unverzichtbare Einblicke in den ›Weltinnenraum‹ eröffnet hat. Insofern steht Jakob Böhme in einer großen esoterischen Tradition, die es aufs neue zu vergegenwärtigen gilt.[3]

---

[3] Gerhard Wehr: Esoterisches Christentum. Von der Antike zur Gegenwart. Stuttgart: Klett-Cotta 1995.

Die Texte

»Suche dich und finde dich«
Wege zum wahren Selbst

Rechenschaft des Autors

Ich nehme mein Schreiben und Buch nicht von andern Meistern. Und ob ich gleich viel Exempel und Zeugnisse der Heiligen Gottes darinnen führe, so ist mir doch solches alles von Gott in meinen Sinn geschrieben, daß ichs ganz ungezweifelt glaube, erkenne und sehe, nicht im Fleisch, sondern im Geiste, im Trieb und Wallen Gottes.

Nicht also zu verstehen, daß meine Vernunft größer wäre als aller derer, die da leben, sondern ich bin des Herrn Zweig, nur ein kleines und geringes Fünklein aus ihm. Er mag mich setzen, wo er hin will. Ich kann ihm das nicht wehren. Auch so ist dieses nicht mein natürlicher Wille, den ich aus meinen Kräften vermag; denn so mir der Geist entzogen wird, so kenne oder verstehe ich meine Arbeit nicht und muß mich auf allen Seiten mit dem Teufel kratzen und schlagen und bin der Anfechtung und Trübsal unterworfen wie alle Menschen.

Aurora 3,48f.

Gott hat mir das Wissen gegeben. Nicht ich, der ich der Ich bin, weiß es, sondern Gott weiß es in mir. Die Weisheit (Sophia) ist seine Braut, und die Kinder Christi sind in Christo, in der Weisheit, auch Gottes Braut. So nun Christi Geist in Christi Kindern wohnet und Christi Kinder Reben am Weinstocke Christi sind und mit ihm ein Leib sind, auch ein Geist, wem ist nun das Wissen?... Er neiget sich zu meiner Ichheit, und meine Ichheit neiget sich in ihn... Und also lehre und schreibe ich von ihm, liebe Brüder, sonst weiß ich nichts.

Aurora, Rechenschaft des Schreibers

Die Erkenntnis Gottes aber wird in dem Feuer des heiligen Geistes gesäet, und ist erstlich klein wie ein Senfkorn, wie es Christus vergleichet (Matthäus 13,31). Hernach so wächst sie groß wie ein Baum und breitet sich aus in Gott ihrem Schöpfer; gleichwie ein Tröpflein Wasser in dem großen Meer nicht kann sehr wallen, so aber ein großer Strom darein gehet, der kann etwas mehr tun...

Auf eine solche Weise, in solcher Erkenntnis des Geistes will ich in diesem Buch von Gott unserem Vater schreiben, in dem alles ist und der selber alles ist, will ich handeln, wie alles schiedlich und kreatürlich ist worden, und wie sich alles treibet und beweget in dem ganzen Baum des Lebens.

Aurora, Vorrede 103 und 105

Er ist darum unser himmlischer Vater, daß unsere Seele sich stets nach ihm sehnet und ihn begehret. Ja, sie dürstet und hungert stets nach ihm. Der Leib hungert und dürstet nach dem Vater der Natur, welcher sind die Sternen und Elementa.

Aurora, 3, 6

Keiner soll sich selber stockblind machen, denn die Zeit der Wiederbringung, was der Mensch verloren hat, ist nunmehr vorhanden. Die Morgenröte bricht an; es ist Zeit, vom Schlafe aufzuwachen.

Aurora 13,4

Das aufgeschriebene Wort ist nur ein Werkzeug, damit der Geist leitet. Das Wort, das da lehren will, muß in dem buchstabischen Wort lebendig sein. Der Geist Gottes muß in dem buchstabischen Halle sein, sonst ist keiner ein Lehrer Gottes, sondern nur ein Lehrer der Buchstaben, ein Wisser der Historien, und nicht des Geistes Gottes in Christo.

Christosophia – Von der neuen Wiedergeburt 8,6

Wie mag ich kommen zu dem übersinnlichen Leben, daß ich Gott sehe und höre reden? – Der Meister sprach: Wenn du dich magst einen Augenblick in das schwingen, da keine Kreatur wohnet, so hörest du, was Gott redet.

Christosophia – Vom übersinnlichen Leben, 1,1

Wie mag ich hören, so ich von Sinnen und Wollen stille stehe? – Der Meister sprach: Wenn du von Sinnen und Wollen deiner Selbheit stille stehest, so wird in dir das ewige Hören, Sehen und Sprechen offenbar, und höret und siehet Gott durch dich. Dein eigen Hören, Wollen und Sehen verhindert dich, daß du Gott nicht siehst noch hörest.

Christosophia – Vom übersinnlichen Leben 1, 3

Wenn einer alle Schriften auswendig lernete und säße sein Leben lang in der Kirchen, bliebe aber an der Seelen Bildnis ein irdischer, viehischer Mensch, der nur nach Falschheit im Herzen trachtet, so hilft ihm sein Heucheln nichts.

Von der Menschwerdung Jesu Christi III,5,3

Suche dich und finde dich, aber nicht im irdischen Reich; wie gar wohl geschiehet doch dem, der sich in Gottes Reich findet, der das himmlische und göttliche Mysterium anzeucht [anzieht] und darein eingehet!

Von der Menschwerdung Jesu Christi III,5,6

Ich trage in meinem Wissen nicht erst Buchstaben zusammen aus vielen Büchern, sondern ich habe den Buchstaben in mir. Liegt doch Himmel und Erden mit allem Wesen, dazu Gott selber, im Menschen. Soll er dann in dem Buche nicht dürfen lesen, das er selber ist?

Wenn ich gleich kein ander Buch hätte als nur mein Buch, das ich selber bin, so hab ich Bücher g'nug. Liegt doch die ganze Bibel in mir. So ich Christi Geist habe, was [be]darf ich denn mehr Bücher? Soll ich wider das zanken, das außer mir ist, ehe ich lerne kennen, was in mir ist?

So ich mich selber lese, so lese ich in Gottes Buch. Und ihr, meine lieben Brüder, seid alle meine Buchstaben, die ich in mir lese. Denn mein Gemüt und Wille findet euch in mir. Ich wünsche von Herzen, daß ihr mich auch findet.

II. Schutzschrift 297 ff.

Gott hat sein Herze mit seinem Leben in uns gesandt, darinnen alles stehet geschrieben. Wer das Buch in ihm [sich] lieset, ist gelehrt genug. Das andere ist Babel und Fabel, daß einer will im Buchstaben außer ihm [von außen] gelehrt sein.

II. Schutzschrift 304

Angesichts der göttlichen Sophia

Es kann ihm [sich] ein Mensch von Mutterleibe an im ganzen Lauf seiner Zeit in dieser Welt nichts fürnehmen, das ihm nützlicher sei als dieses: daß er sich selbst recht lerne erkennen, (1) was er sei, (2) woraus oder von wem, (3) wozu er geschaffen worden und (4) was sein Amt sei. In solcher ernstlichen Betrachtung wird er anfänglich befinden, wie er samt allen Geschöpfen, die da sind, alles von Gott herkomme. [Er] wird auch in allen Geschöpfen finden, wie er die alleredelste Kreatur unter allen Geschöpfen sei. Daraus er denn wohl kann befinden, wie Gott gegen ihn gesinnet sei, dieweil er ihn zum Herrn über alle Kreaturen dieser Welt gemacht und ihn über alle Kreaturen mit Sinn, Vernunft und Verstand begabet, fürnehmlich mit der Sprache, daß er alles, was tönet oder sich reget, beweget, webet und wachset, kann unterscheiden und von jedes Tugend, Treiben und Herkommen scheiden, und von jedes Tugend, Treiben und Herkommen richten. Und [hat] das alles unter seine Hände getan, daß er durch seine Sinne und Vernunft solches alles kann bändigen und nach seinem Willen brauchen und treiben, wie es ihm gefället.

Ja noch mehr höhere und größere Erkenntnis hat ihm Gott gegeben, daß er kann allen Dingen ins Herze sehen, was Essenz, Kraft und Eigenschaft sie haben, es sei gleich in Kreaturen, in Erden, Steinen, Bäumen, Kräutern, in allen bewegenden und unbewegenden Dingen, sowohl auch in Sternen und Elementen, daß er weiß, wes Wesens und Kraft die sind, und wie in derselben Kraft alles natürliche Sinnlichkeit, Wachsen, Mehren und lebend Wesen stehet.

Über dies alles hat Gott ihm den Verstand und die höchste Sinnlichkeit gegeben, daß er kann Gott seinen Schöpfer erkennen, was, wie und wer er [der Mensch] sei, auch wo er sei, woraus er geschaffen worden und herkommen sei, und wie er des ewigen, ungeschaffenen und unendlichen Gottes Bild, Wesen, Eigentum und Kind sei; wie er aus Gottes Wesen geschaffen worden, in dem Gott sein Wesen und Eigentum hat; in dem er [Gott] mit seinem Geiste lebt und regieret, durch welche Gott seine Geschäfte verrichtet, ihn auch herzlich liebet als sein eigen Herz und Wesen, um welches willen er diese Welt samt allen Kreaturen geschaffen, welche meistenteils ohne des Menschen Vernunft und Regiment nicht leben könnten in solcher Qualifizierung.

Von drei Prinzipien, Vorrede 1-3

In dieser hohen Betrachtung steht die göttliche Weisheit [Sophia] selber und hat weder Zahl noch Ende; und wird darin erkannt die göttliche Liebe gegen den Menschen, daß der Mensch erkennet, was Gott sein Schöpfer sei, und was er von ihm will getan und gelassen haben. Und ist dem Menschen das allernützlichste, das er je in dieser Welt gründen und suchen mag. Denn er lernet hierinnen kennen sich selbst, was für Materia und Wesen er sei, auch wovon seine Sinnlichkeit und Verstand herrühre und wie er aus Gottes Wesen sei geschaffen. Als eine Mutter ihr Kind aus ihrem eigenen Wesen gebieret und des pfleget und ihm all ihr Gut zum Eigentum [über]lässet und zum Besitzer machet; also tut Gott mit dem Menschen, seinem Kinde auch: Er hat ihn geschaffen und pfleget sein, und hat ihn zum Erben aller seiner ewigen Güter gemacht. – In solcher Betrachtung wächst die göttliche Erkenntnis und die Liebe gegen Gott im Menschen als zwischen den Kindern und Eltern, daß der Mensch Gott seinen Vater liebet, dieweil er erkennet, daß er sein Vater ist, in dem er lebet, webet und ist, der seiner pfleget und ihn nähret. Denn, so spricht Christus, unser Bruder, welcher uns zum Heil vom Vater geboren und in diese Welt gesandt ist: Das ist das ewige Leben, daß sie dich, daß du allein wahrer Gott bist, und den du gesandt hast, Jesum Christum, erkennen (Johannes 17,3).

Von drei Prinzipien, Vorrede 4

So wir denn nun uns selber erkennen, wie wir zu Gottes Bilde, Wesen und Eigentum aus Gottes eigenem Wesen erschaffen sind, so ists ja billig, daß wir in seinem Gehorsam leben und ihm folgen, dieweil er uns führet als ein Vater seine Kinder; und haben auch die Verheißung, so wir ihm folgen, daß wir sollen das Licht des ewigen Lebens haben (Johannes 8,12). Ohne welches Betrachten wir alle blind sind und keine (wahre) Erkenntnis Gottes haben, sondern laufen dahin wie das dumme Vieh, und sehen uns selber, sowohl die Schöpfung Gottes an wie die Kuh ein neu Scheunentor; setzen uns wider Gott und seinen Willen und leben also in der Widerstrebung zum Verderben Leibes und [der] Seele und der edlen Geschöpfe Gottes. In welche grausame erschreckliche Finsternis wir geraten, so wir uns selbst nicht wollen lernen kennen, was wir sind, wes Wesens, wes Würdens; ob wir ewig oder mit dem Leibe vergänglich sind; oder ob wir auch von unserm Tun und Wesen müssen Rechenschaft geben, dieweil wir zu Herren aller Geschöpfe und Kreaturen sind gemacht und dasselbe alles in unserer Gewalt haben und treiben.

Von drei Prinzipien, Vorrede 5

Dieweil wir dann unwiderstreblich sehen, wissen und befinden, daß Gott von allem unsern Tun will Rechenschaft haben, wie wir mit seinen Geschöpfen haushalten (Lukas 16,2), und so wir von ihm und seinen Geboten fallen, er uns schrecklich darum strafet; wie wir denn dessen schreckliche Exempel haben von der Welt her bei Juden, Heiden und Christen; fürnehmlich das Exempel der Sintflut, sowohl an Sodom und Gomorrha, auch an Pharao und Israels Haufe in der Wüsten, und hernach immerdar bis auf dato, – so ists ja das allernötigste, daß wir Weisheit lernen und lernen uns selber kennen, welche große Untugend wir an uns haben, welche greulichen

Wölfe unter uns sind, zu widerstreben Gott und seinem Willen.

Denn es kann sich kein Mensch entschuldigen seiner Unwissenheit, sintemal Gottes Wille ist in unser Gemüte geschrieben, daß wir wohl wissen, was wir tun sollen. Es überzeugen uns auch alle Kreaturen. Dazu haben wir Gottes Gesetz und Gebot, daß also keine Entschuldigung ist als unsere schläfrige, faule Nachlässigkeit; und werden also faule Knechte im Weinberge des Herrn erfunden.

Von drei Prinzipien, Vorrede 6 und 7

Vieler Meister Schriften habe ich durchsuchet, verhoffend, die Perlen zu finden vom Grunde des Menschen. Habe aber nicht können finden, darnach meine Seele lüsterte. Ich habe auch gar widerwärtige Meinungen gefunden. Auch habe ich einesteils gefunden, die mir das Suchen verbieten. Ich weiß aber nicht, mit was Grunde und Verstande, als daß ein Blinder dem Sehenden die Augen nicht gönnet. Mit diesem allen ist meine Seele gar unruhig in mir worden und hat sich geängstet als ein Weib zur Geburt, da doch nichts ist gefunden worden, bis ich den Worten Christi nachgefahren, der da spricht: Ihr müsset von neuem geboren werden, wollt ihr das Reich Gottes sehen (Johannes 3,7). – Welches mir erst mein Herz versperrete; und [ich] vermeinte, es möchte in dieser Welt nicht geschehen, sondern in meinem Abschiede von dieser Welt. Da sich dann erst meine Seele ängstete zur

Geburt, welche gerne die Perle geschmecket hätte, und sich in diesem Wege viel heftiger zur Geburt gegeben, bis ihr endlich ein Kleinod worden. Demselben nach will ich schreiben, mir zu einem Memorial und dem Suchenden zu einem Lichte. Denn Christus spricht: Niemand zündet ein Licht an und steckts unter eine Bank oder Scheffel, sondern setzets auf einen Tisch, auf daß alle, so in dem Gemach sind, davon sehen (Matthäus 5,15). – Und zu dem Ende gibt er dem Suchenden die Perle, daß er soll dem Armen mitteilen zu seiner Gesundheit, wie er solches gar ernstlich geboten hat.

Von drei Prinzipien, 10, 1

Moses schreibet (Genesis 2,7): Gott machte den Menschen aus einem Erdenkloß etc. – Das ist fast [sehr] vieler Meinung, und ich hätte es auch nicht gewußt, wie das wäre zu verstehen, und hätte es aus dem Mose nicht erlernet, auch nicht aus den Glossen, so darüber sind gemacht; und wäre mir die Decke auch vor meinen Augen blieben, wiewohl in großem Kummer. Als ich aber die Perle fand, sah ich dem Mose ins Angesicht und fand, daß Moses hatte recht geschrieben, und ich hatte es nicht recht verstanden.

Denn Gott sprach auch also nach dem Fall zu Adam und Eva: Du bist Erde und sollst wieder Erde werden (Genesis 3,19). – Und so ich nicht hätte den Limbum [Urstoff] betrachtet, daraus die Erde ist worden, so wäre ich also verblendet blieben. Derselbe zeigt mir an den

Grund, was Adam vorm Falle und nach dem Falle sei gewesen.

Denn keine solche Erde oder Fleisch, wie wir jetzt tragen, bestehet im Licht Gottes. Darum sprach auch Christus (Johannes 3,13): Niemand fähret gen Himmel als des Menschen Sohn, der vom Himmel kommen ist, und der im Himmel ist. – Also war unser Fleisch vorm Falle himmlisch aus dem himmlischen Limbo. Als aber der Ungehorsam kam, sich in einem andern Centro zu gebären in Lust dieser Welt, so ward es irdisch. Denn mit dem irdischen Apfelbiß im Garten Eden fing das irdische Reich an, und fing alsobald die Mutter der großen Welt mit ihrer Macht die kleine Welt und machte aus ihr Tieres-Art im Ansehen und auch im Wesen.

Wäre nun nicht die Seele im Mittel gewesen, so sollte Adam wohl ein unvernünftig Tier blieben sein. Weil aber die Seele aus dem Limbo Gottes war in Adam geblasen worden vom Hl. Geiste, so mußte nun die Barmherzigkeit als das Herze Gottes wieder das Beste tun und wieder aus dem himmlischen Limbo bringen das Centrum und [in Christus] selber Fleisch werden und in der Seelen gebären durchs Fiat (›es werde‹) den neuen Menschen, welche im alten verborgen ist. Denn der alte gehöret nur in die Zerbrechlichkeit und gehet in sein[en] Aether [er vergeht], und der neue bleibet ewiglich. Wie nun solches sei zugangen, folget ein gründlicher Bericht. Da kannst du dem alten und dem neuen Menschen ins Herze sehen. Bist du aber aus Gott wiedergeboren und hast die Perle; – wo nicht, so siehest du allhier kaum den alten Adam, und wird den neuen nicht schauen.

Von drei Prinzipien 10, 2-5

Die Decke Mosis muß weg und [du] mußt dem Mose ins Angesichte sehen, willst du den neuen Menschen sehen. Und ohne die Perle bringest du die nicht weg und kennest den Adam vor seinem Falle nicht. Denn Adam hat nach seinem Fall den ersten Menschen selber nicht mehr gekannt. Darum schämete er sich seiner monstrosischen Gestalt und versteckete sich hinter die Bäume im Garten. Denn er sah sich an, wie er eine viehische Gestalt an sich hatte. Daher er auch alsbald viehische Glieder zu seiner Fortpflanzung bekommen.

Von drei Prinzipien 10, 6-7

Vom doppelten Ursprung des Menschen

Der Limbus [Urstoff] aber, daraus er [Gott] ihn schuf, ist der Erden Matrix [Mutterschoß], und die Erde wurde daraus erboren. Die Materia aber, daraus er ihn schuf, war eine Massa, eine Quinta Essentia aus Sternen und Elementen, welche alsbald irdisch ward, als der Mensch das irdische Centrum erblickte und zur Stunde in die Erde und Zerbrechlichkeit gehörte.

Nun war aber die Massa aus der himmlischen Matrice, welche ist die Wurzel der Ausgeburt oder [des] Irdischen. Das himmlische Centrum sollte fix bleiben, und das Irdische sollte nicht erwecket werden. Und in solcher Kraft war er [der Mensch] ein Herr über Sternen und Elementa, und hätten ihn alle Kreaturen gefürchtet und wäre unzerbrechlich gewesen. Er hatte aller Kreaturen Kraft und Eigenschaft in sich, denn seine Kraft war aus der Kraft der Verständnis. Nun mußte er haben alle drei Principia, sollte er Gottes Gleichnis sein: (1) die Quall [Qualität] der Finsternis und (2) auch des Lichtes und (3) auch die Quall dieser Welt; und sollte doch nicht in allen dreien leben und qualifizieren, sondern in einer, als in der paradeisischen, in welcher sein Leben aufging.

Daß nun dem beweislich gewiß also sei, so stehet geschrieben: Und Gott blies ihm ein den lebendigen Odem, da ward der Mensch eine lebendige Seele. – Alle anderen Kreaturen, welche aus dem zerbrechlichen Limbo durchs

Fiat herfürgegangen waren, denen allen hatte der Wille im Fiat in ihrem Centro den Geist erwecket; und ging jeder Kreatur Geist aus ihrer selben Essentia und Eigenschaft, und inqualierete hernach dem Geist der großen Welt der Sternen und Elementen. Und das sollte im Menschen nicht sein. Sein Geist sollte nicht der Sternen und Elementen Geiste inqualieren. Es sollten zwei Principia, als die Finsternis und der Geist der Luft stille stehen in solchem Wesen. Darum blies er ihm ein den lebendigen Odem, verstehe: Gottes Odem. Das ist der paradeisische Odem oder Geist, der Hl. Geist. Der sollte im Centro der Seelen sein der Seelen Odem...

Von drei Prinzipien 10, 10-12

Die Seele des Menschen, welche ihm Gott eingeblasen, ist aus dem ewigen Vater. Doch vernimms recht: Es ist ein Unterscheid, verstehe: aus seinem unwandelbaren Willen, als welchem er seinen Sohn und Herze von Ewigkeit gebieret aus dem göttlichen Centro, daraus das Fiat ausgehet, das da schaffet und hat aller Wesen der ewigen Geburt in sich... Es ist das höchste Centrum der feuerflammenden Liebe und Barmherzigkeit Gottes, der Vollkommenheit. Aus dem gehet keine Kreatur, sondern erscheinet in der Kreatur als in Engeln und Seelen der heiligen Menschen. Denn der Hl. Geist gehet da aus und die Allmächtigkeit, welche in dem Vater schöpfet den ewigen Willen.

Von drei Prinzipien 10, 13

Es isset die Seele von einem jeglichen Worte Gottes, denn es ist ihres Lebens Speise und singet den Lobgesang des Paradeises von der holdseligen Frucht, die im Paradeis wächst in der göttlichen Kraft, welche des Leibes Speise ist...

Mag mir das nicht Freude und Wonne sein? Mag nicht allda Lieblichkeit sein mit den viel tausenderlei Arten der Engel Himmelsbrot zu essen und sich in ihrer Gemeinschaft zu freuen? Was möchte doch genannt werden, das lieblicher sei? Da keine Furcht ist, kein Zorn, kein Tod, keine Traurigkeit, [wo] derer aller Stimme und Sprache ist: Heil, Kraft, Stärke und Macht ist unserem Gott (Apokalypse 19,1). Und das Getön gehet auf in Ewigkeit. Also mit diesem gehet auf die göttliche Kraft des Paradeises, und ist eitel Wachsen in dem göttlichen Centro der Gewächse im Paradeis. Und das ist der Ort, da St. Paulus unaussprechliche Worte hat gehöret, die niemand reden kann (2. Korinther 12,4). Ein solcher Mensch war Adam vor seinem Falle. Und daß du nicht zweifelst, daß es gar gewiß und wahrhaftig also sei, so siehe doch nur die Umstände an.

Von drei Prinzipien 10, 15 und 16

Als Gott Adam hatte also geschaffen, da war er also im Paradeis in Wonne, und war der verklärte Mensch gar schön, voller Erkenntnis. Da brachte Gott alle Tiere zu ihm als zu dem großen Herrn in der Welt, daß er sie ansehe und einem jeden nach seiner Essentia und Kraft, wie sein Geist in ihm figurieret wäre, Namen gäbe. Und Adam wußte alles, was in jeder Kreatur wäre, und gab einem jeglichen einen Namen nach der Qualifizierung seines Geistes. Gleichwie Gott allen Dingen kann ins Herze sehen, also konnte das Adam auch tun, daran ja seine Vollkommenheit wohl zu spüren ist gewesen.

Nun wären Adam und alle Menschen auf'm Erdboden gegangen; als er dann ging, ganz bloß, sein Kleid war die Klarheit in der Kraft Gottes. Keine Hitze oder Kälte hätte ihn berühret. Sein Sehen war Tag und Nacht mit aufgesperrten Augen ohne Wimpern. In ihm war kein Schlaf und in seinem Gemüte keine Nacht, denn in seinen Augen war die göttliche Kraft, und er war ganz und vollkommen. Er hatte den Limbum und auch die Matricem [Urstoff und Mutterschoß] in sich. Er war kein Mann und auch kein Weib, gleich wie wir in der Auferstehung sein werden...

Von drei Prinzipien 10, 17 und 18

Wenn Adam wäre blieben in der Unschuld, so hätte er Paradeis-Frucht gessen an aller Frucht, und sein Essen wäre himmlisch gewesen, sein Trinken aus der himmlischen Wasser-Mutter vom Quell des ewigen Lebens. Die Ausgeburt [des Irdischen] berührete ihn nicht; des Elements Luft auf solche Art [be]durfte er nicht. Zwar er holte Odem von der Luft, er [emp]fing aber vom

Geist der Unzerbrechlichkeit seinen Odem, denn er inqualierete nicht mit dem Geist dieser Welt, sondern sein Geist herrschete kräftig über den Geist dieser Welt, über Sterne, sowohl Sonne und Mond und über die Elementa.

Das möchte mir ein Adam sein! Und also war er ein recht und wahrhaftig Bilde und Gleichnis Gottes. In seinem Fleische hatte er nicht solche harten Beine. Und ob es Beine waren, so waren sie Stärke und solche Kraft. Auch so war sein Blut nicht aus der Tinctur der aquastrischen Matricis [nicht irdischer Art], sondern aus der himmlischen. In Summa: Es war alles himmlisch, wie wir im Tage der Auferstehung werden erscheinen, denn der Fürsatz Gottes besteht. Das erste Bild muß wieder kommen und im Paradeis bleiben. Und da es nicht konnte in anderer Gestalt geschehen und herwieder bracht werden, so ließ sichs Gott der Vater eher sein Herz und Sohn kosten. Sein ewiger Wille ist unwandelbar. Er muß bestehen.

Von drei Prinzipien 10, 20 und 21

Ich weiß, daß der Sophist mich allhier tadeln und mir es für ein unmögliches Wissen ausschreien wird, dieweil ich nicht sei dabei gewesen und es selbst gesehen. Dem sei gesaget, daß ich in meiner Seelen- und Leibesessenz, da ich noch nicht der Ich war, sondern da ich Adams Essenz war, bin ja dabei gewesen und meine Herrlichkeit in Adam selbst verscherzet habe. Weil mir sie aber Christus hat wiedergebracht, so sehe ich im Geiste Christi, was ich im Paradeis gewesen bin und was ich in der Sünde worden bin und was ich wieder werden soll. Und soll uns niemand für unwissend ausschreien, denn ob ichs wohl nicht weiß, so weiß es aber Christus in mir, aus welcher Wissenschaft ich schreiben soll.

Mysterium Magnum 18, 1

Von männlich-weiblicher Ganzheit

Adam war ein Mann und auch ein Weib, und doch der keines, sondern eine Jungfrau, voller Keuschheit, Zucht und Reinigkeit als das Bild Gottes. Er hatte beide Tinkturen vom Feuer und Lichte in sich, in welcher Coniunction die eigene Liebe als das jungfräuliche Centrum stund als der schöne paradeisische Rosen- und Lustgarten, darinnen er sich selber liebete. Als wir denn in der Auferstehung der Toten dergleichen sein werden, wie uns Christus (Matthäus 22,30) saget: Daß wir uns weder freien noch feien lassen, sondern gleich sind den Engeln.

Ein solcher Mensch, als Adam vor seiner Eva war, soll aufstehen und das Paradeis wieder einnehmen und ewig besitzen, nicht ein Mann oder Frau, sondern wie die Schrift saget: Sie sind Jungfrauen und folgen Gott und dem Lamme. Sie sind gleich den Engeln Gottes, aber nicht allein pur Geist als die Engeln, sondern in himmlischen Leibern, in welchen der geistliche englische Leib innen wohnet.

Mysterium Magnum, 18, 2 und 3

Eine jede Kreatur bringt sein Kleid vom Mutterleibe. Der Mensch aber kommt elend, nackend und bloß, in höchster Armut und Unvermögenheit, und vermag nichts; und ist in seiner Ankunft zu dieser Welt die allerärmste und elendeste, verlassendste Kreatur unter allen Geschlechtern, die ihm gar nichts helfen können, welches uns genug andeutet, daß er nicht in dies Elend sei von Gott erschaffen worden, sondern in seine Vollkommenheit, wie auch alle anderen Kreaturen, welche der allererste Mensch durch falsche Lust verscherzte, da ihn Gott hernach in seinem Schlaf erst zum natürlichen Leben in Mann und Weib nach aller irdischen Kreaturen Eigenschaft im äußeren Fiat [Schöpfungsgeschehen] figurierte und ihm den Madensack mit den tierischen Gliedern zur Fortpflanzung anhing, dessen sich die arme Seele noch heute schämet, daß sie muß eine tierische Form am Leibe tragen.

Mysterium Magnum 18, 6

Zwei fixe und beständige Wesen waren in Adam: als der geistliche Leib von der Liebe-Wesenheit des innern Himmels, welcher Gottes Tempel war, und der äußere Leib als der Limus [Stoff] der Erden, welche des inneren Leibes Gehäuse und Wohnhaus war, welcher in keinerlei Wege nach der Eitelkeit der Erden offenbar war; denn er war ein Limus, ein Auszug des guten Teils der Erden, welches in der Erden am Jüngsten Gerichte soll von der Eitelkeit des Fluches und der Verderbung des Teufels geschieden werden.

Dieselben zweierlei Wesen als das innere himmlische und das äußere himmlische, waren ineinander vermählet und in ein Corpus gefasset. Darinnen war die hochheilige Tinktur vom göttlichen Feuer und Lichte als die große freudenreiche Liebe-Begierde, welche das Wesen anzündet, daß die zweierlei Wesen einander ganz inbrünstig in der Liebe-Begierde begehrten und sich liebten. Das Innere liebte das Äußere als seine Offenbarung und Empfindlichkeit. Und das Äußere liebte das Innere als seine größte Süßigkeit und Freudenreich, seine edle Perle und allerliebste Gemahlin; und waren doch nicht zwei Leiber, sondern nur einer, aber [von] zweierlei Essenz als eine innere himmlische, heilige und eine aus der Zeit Wesen, welche miteinander in ein Ewiges vermählet waren.

Und in dieser feurischen Liebe-Begierde stund die magische Schwängerung und Geburt, denn die Tinktur drang durch beide Essentien, durch die innere und äußere, und erweckte die Begierde. Und die Begierde war das Fiat, das die Liebe-Lust fassete und in eine Substanz brachte. Also war die Gleichheit des Ebenbildes in dieser Substanz gefasset als ein geistlich Bild nach dem ersten. Gleichwie das Fiat hatte das erste Bild als Adam gefasset und geformet. Also ward auch die Gleichheit aus dem ersten zur Fortpflanzung gefasset. Und in dieser Fassung war auch alsobalde die magische Geburt, da in der Geburt der geistliche Leib äußerlich ward.

Mysterium Magnum 18, 7-9

Verstehet: Obs wäre geschehen, daß Adam in der Probe wäre bestanden, so wäre die magische Geburt also geschehen, nicht durch einen sonderlichen Ausgang von Adams Leibe wie jetzt, sondern wie die Sonne das Wasser durchscheinet und nicht zerreißet. Also wäre der geistliche Leib als die Geburt ausgegangen, und im Ausgehen substantialisch worden. Ohne Mühe und Not in einer großen Freudenreich und Wohltun wäre das geschehen auf Art, wie beide Samen [des] Mannes und Weibes in ihrer Coniunction einen freudenreichen Anblick empfahen. Also wäre auch die magische Schwängerung und Geburt gewesen ein jungfräulich Bild, nach dem ersten ganz vollkommen.

Welches hernach, als dem Adam Veneris Matrix [Schoß der Venus als innere Weiblichkeit] genommen und in ein Weib geformet ward, mußte durch Angst, Schmerzen, Wehe und Not geschehen, wie Gott zu Eva sagte: Ich will dir viel Schmerzen schaffen, wenn du schwanger wirst, und sollst nun mit Schmerzen Kinder gebären, und dein Wille soll deinem Manne unterworfen sein. – Warum? Darum, er war aus des Mannes Willen entsprossen. Eva war der halbe Adam als das Teil, darinnen sich Adam sollte lieben und schwängern. Das war ihm, als er [in der Probe] nicht bestund, im Schlafe genommen und in ein Weib formieret. Darum, als sie Adam sah, sprach er: Man wird sie Männin heißen, darum daß sie vom Manne genommen ist.

Mysterium Magnum 18, 10 und 11

Die Menschen wären auf Erden nackend gegangen, denn das Himmlische drang durch das Äußere und war sein Kleid. Er stund in großer Schönheit, Freude und Lust in einem kindlichen Gemüte. Er hätte auf magische Art [ge]gessen und getrunken, nicht im Leib...

Alles war zu seinem Spiel gemacht. Kein Schlaf war in ihm. Die Nacht war ihm als der Tag. Denn er sah mit verklärten Augen in eigenem Lichte. Der innere Mensch als das innere Auge sah durch das äußere, gleichwie wir in jener Welt werden keiner Sonne [be]dürfen, denn wir sehen im göttlichen Sehen im Lichte der eigenen Natur. Keine Hitze noch Frost hätte sie gerüget. Es war auch kein Winter auf Erden offenbar worden, denn im Paradeis war eine gleiche Temperanz.

Die Tinktur der Erden war ihr Spiel. Sie hatten alle Metalle zu ihrem Spiel gehabt, bis auf die Zeit, daß Gott hätte die äußere Welt verändert. Keine Furcht noch Schrecken wäre in ihnen gewesen, auch kein Gesetz von etwas oder zu etwas, denn alles wäre ihnen frei gewesen. Adam wäre ihr Großfürst gewesen; und hätten in der Welt gelebet und doch auch im Himmel in beiden Welten zugleich gewohnet. Das Paradeis wäre durch die ganze Welt gewesen.

Weil aber die göttliche Fürsichtigkeit wohl erkannte, daß Adam nicht bestehen würde, weil die Erde verderbet war durch ihren gehabten Fürsten, in dem sich der Grimm Gottes hatte beweget und das Wesen in eine Impression gefasset, so schuf Gott allerlei Früchte und Tiere, auch allerlei Arzneien für die künftigen Krankheiten der Menschen, dazu allerlei Speisen, daß der Mensch möchte in dieser Welt Nahrung haben und auch Kleidung.

Denn er hatte beschlossen, einen andern Fürsten zu senden, durch welchen er den Menschen wollte von seiner Krankheit und Tode erlösen und die Erde durchs Feuer Gottes bewähren und fegen und wieder in das Heilige einführen, als sie war, da Luzifer ein Engel war, ehe sie in ein solch Geschöpfe einging.

Und war Adam nur in das göttliche Bild geschaffen, das ewig sein sollte. Und obgleich im Grimm Gottes erkannt ward, daß der Mensch fallen würde, so war aber auch in Gottes Liebe der Wiedergebärer erkannt, dem diese Hierarchia sollte zum fürstlichen Besitz an Luzifers Stelle gegeben werden.

Mysterium Magnum 18, 12-17

Nicht in des Mannes Tinktur als in dem seelischem Feuer-Ente (Feuerwesen) wollte sich das Wort der Verheißung im Bunde einleiben, sondern in des Weibes als in des Lichts Tinktur, ins jungfräuliche Centrum, das in Adam sollte magisch gebären, in die himmlische Matricem [Schoß] der heiligen Gebärerin, in welches Lichtes-Tinktur das feurische Seelen-Ens schwächer war als im Mannes Feuer-Ente.

In diesem Licht-Ente wollte Gott das Feuer-Ens als die wahre Seele erwecken und gleich als neue gebären, wie denn an Christi Person nach der Menschheit zu sehen ist, welcher in diesem jungfräulichen Ente aus des Weibes Eigenschaft, aus dem weiblichen jungfräulichen Samen eine männliche Feuer-Seele annahm, ganz wider der Natur Selbst-Vermögenheit; denn das Bild Gottes ist eine männliche Jungfrau, weder Weib noch Mann.

So man aber will zwei Eigenschaften betrachten nach göttlicher Eigenschaft, so setze man die männliche Gott dem Vater zu als dem ersten Principio, da sich Gottes Wort mit der Feuer-Welt offenbaret. Die ist das erste Centrum der Kreatur. Und die weibliche setze man Gott dem Sohne zu als dem zweiten Principio, da sich das göttliche ewige Wort im Lichte der Liebe offenbaret, in der Liebe-Begierde ein ander Centrum aufschleußt und in des Feuers Centrum einführet, auf Art, wie das Feuer ein Licht gebäret und das Licht eine große Sanftmut einer ölischen, wässerigen und luftigen Eigenschaft, welche Eigenschaft das Feuer wieder in sich zeucht, daraus es seinen Schein empfähet, und daß es mag leben und brennen, sonst erstickt es.

Mysterium Magnum 23, 43-45

Christus als der neue Mensch

Dasselbige jungfräuliche Ens, in Christi Geiste neugeboren, stirbet nicht mehr, obgleich der vier-elementische Mensch als das Bild dieser Welt stirbet; sondern er lebet in Gottes Reiche und wird den Limum [Stoff] der Erden als das dritte Principium in der Auferstehung der Toten umfassen und anziehen als ein Kleid der Wundertat Gottes. Aber das Schlangen-Ens [das Sterbliche] bleibet in der Erden und soll am Jüngsten Tage durch Feuer von dem reinen Limo der Erden abgebrennet werden, da ihn dann wird die finstere Welt mit samt seinem Gewirke in sich verschlingen.

Also verstehen wir hierinnen klar, wie Gott dem gefallenen Menschen aus großer Liebe den Schlangen-Treter [Christus gemäß Genesis 3,15] und ins jungfräuliche verblichene Centrum einvermählet und zu einem Gehilfen und Gefährten mitgegeben hat...

Mysterium Magnum 23, 50 und 51

Adam führte seinen Willen und Begierde von Gott in die Selbheit und Eitelkeit und brach sich von Gott als von der göttlichen Harmonei. – Allda sank er zuhand [plötzlich] nieder in Unmacht in Schlaf als in eine Unvermögenheit, welches den Tod andeutet. Denn das Bild Gottes, welche unverrücklich ist, schläfet nicht. Was ewig ist, in dem ist keine Zeit. Mit dem Schlaf aber ward im Menschen die Zeit offenbar, denn er schlief ein der englischen Welt und wachte auf der äußeren Welt.

Sein Schlaf ist die Ruhe Christi im Grabe, da das neu wiedergeborene Leben in der Menschheit Christi mußte in Adams Schlaf eingehen und den wieder zum ewigen Leben aufwecken und aus der Zeit in das Ewige einführen.

Aber die Zerbrechung Adams seiner Essenz, als das Weib, ward aus ihm genommen. [Das] ist die Zerbrechung des Leibes Christi am Kreuze, von der sechsten Stunde bis zur neunten. Denn also lange ist das Fiat in Adams Schlafe in der Scheidung Mannes und Weibes gestanden. Denn in solcher Zeit ward das Weib aus Adam ganz in ein weiblich Bild vollendet.

Und als Christus am Kreuze unser jungfräulich Bild wieder erlösete vom Manne und Weibe und mit seinem himmlischen Blute in göttlicher Liebe tingierte [durchtränkte], als er dies vollbracht hatte, so sprach er: Es ist vollbracht! – Denn zuvor stund er in Adams Durste, als Adam nach der Eitelkeit dürstete, so erfüllet jetzt Christus diesen Durst der Eitelkeit mit dem heiligen göttlichen Liebe-Durst und wendet der Seelen Willen wieder um, daß sie ihren Durst wiederum in Gott einführte. Und als dies geschah, so sprach er: Nun ists vollbracht, und wieder umgewandt. – Christus wandte Adam in seinem Schlaf von der Eitelkeit und vom Manne und Weibe wieder um in das englische Bild: Groß und wunderlich sind diese Geheimnisse, welche die Welt nicht ergreifen mag, und ist ja so blind daran als der Blindgeborene an der Beschauung dieser Welt. Wer es aber achtet und findet, der hat große Freude daran.

Mysterium Magnum 19, 3-7

Eva ist das rechte magische Kind, denn sie ist die Matrix, in welche die Liebe-Begierde in Adam stund als die magische Schwängerung und Geburt. Sie war Adams paradeisischer Rosengarten in eigener Liebe, darinnen er sich selber liebte, denn in der Coniunction der zwei Tinkturen war die Fassung der magischen Schwängerung oder Menschwerdung oder göttlichen Bildung der Fortpflanzung.

Und Gott sprach nach dem Apfelbiß zu ihnen: Des Weibes Same soll der Schlangen den Kopf zertreten (Genesis 3,15). – Allhier lieget der Grund und Eckstein in dieser Matrice, denn die weibliche Matrix, darinnen die englische Bildung stund, war nach dem rechten Leben himmlisch, aus himmlischer Wesenheit, darinnen das rechte Paradeis stund. Aber Adam führte mit seiner Imagination Irdigkeit und Eitelkeit darein als Eigenwillen. So verblich das heilige Teil in dieser Matrice als Veneris [der Venus] Begierde, welche das göttliche Centrum in der Menschheit war als das geoffenbarte Liebe-Wort im Bilde Gottes…

Mysterium Magnum 19, 8-10

Bei der Formierung der Eva ist das größte Geheimnis zu verstehen, denn man muß die Geburt der Natur und menschlichen Urstand ganz inniglich verstehen und ergreifen, will man den Grund sehen. Denn sie ist der halbe Adam, nicht von Adams Fleisch ganz genommen, sondern aus seiner Essenz aus dem weiblichen Teile. Sie ist Adams Matrix...

Die Matrix des himmlischen Teils war in Adam magisch, das ist: schwebend in der Essenz. Aber der äußere Teil der äußern Welt war eingefleischet, und waren beide miteinander verbunden, gleichwie die Zeit mit der Ewigkeit. Das heilige Teil war im Himmel und der Himmel selber, und das äußere eingefleischte Teil war in der äußern Welt, in Matrice Mundi [dem Schoß der Welt].

Also war Adam aus seiner Essenz die weibliche Eigenschaft im Fiat ausgezogen als sein liebster Rosengarten, und er behielt den Limbum [Stoff des Leibes] himmlisch und irdisch nach des ewigen Vaters geoffenbarter Eigenschaft... Das Weib hatte in ihrem verblichenen Teil der seelischen Eigenschaft das Centrum der englischen Welt als das geoffenbarte Liebe-Wort als die fünfte Gestalt der ewigen Natur. Und der Mann hatte in seinem Limbo die göttliche Feuer-Welt als das Centrum zur Lichtwelt, das Centrum aller Wesen.

Des Mannes Limbus, den er behielt, als das Weib aus ihm gemacht ward, war des Vaters Eigenschaft nach allem Wesen. Und das Weib war aus dem Manne nach des Sohnes Eigenschaft nach allem Wesen, verstehet: das himmlische Teil. Darum ward Christus in des Weibes Teil ein Mensch und führte des Mannes Teil wieder in die heilige Matricem ein, daß der Limbus und die weibliche Matrix wieder ein (einziges, vollständiges) Bild war als eine männliche Jungfrau über und in allen drei Prinzipien als ein kreatürlich geformter Gott, in dem der ewige ungeformte Gott mit ganzer Fülle innen wohnete... Denn also war auch Adam vor seiner Eva, und also müssen wir in Christo auch werden, wollen wir das Bild und Tempel Gottes sein.

Mysterium Magnum 19, 14-17

Dazu saget die Schrift: Gott schuf den Menschen in seinem Bilde, ja zum Bilde Gottes schuf er ihn, – nicht zum tierischen Bilde. Was wollte Gott dem Menschen für Sünde zurechnen, so er ihn hätte in ein tierisch Bild geschaffen? Was wäre ihm denn die neue Geburt nütze? – Die neue Geburt hält das Recht innen, daß das englische Bild soll wiedergeboren werden, das Gott in Adam hatte geschaffen. Gott hat Adam nicht ins Bilde Gottes formieret. Und ob er wohl erkannt hat, daß er [in der Probe] nicht bestehen würde, so hat er ihm den Heiland geordnet, der ihn sollte wieder ins erste Bild einführen und in sich zur Ewigkeit bestätigen.

Mysterium Magnum 19, 21 und 22

Ich sage nicht, daß ein Mensch in diesem Fleische vollkommen sei und Christum von außen anziehe, sondern das Mysterium als Quinta Essentia zeucht Christum an zur Auferstehung der Toten; und die Seele in der himmlischen Wesenheit nach Christi wahrer himmlischen Leiblichkeit wachet ihres in Adam gehabten und gestorbenen Wesens auf.

Christus giebet uns seinen Leib zur Speise und sein Blut zum Trank, nicht aber dem Menschen der Sünden, sondern dem Menschen in Christo zum Leben neugeboren als dem von der göttlichen Welt Wesen, dem Paradeis-Menschen, der einen himmlischen Mund hat zu [ge]nießen. Denn Christus wohnt im Himmel und speiset uns mit seinem Leibe und Blute im Himmel. Dieser Himmel ist im Menschen, nicht in vier Elementen nach deren Wirkung, sondern im reinen Element...

Darum sei der Wahrheit liebende christliche Leser gewarnet in gar guter Pflicht und Liebe-Willen, sich ja nicht für vollkommen zu schätzen und in die allmächtige Kraft Gottes in die Allwissenheit einzusetzen und zu sagen, er sei ohne Sünde und könne nicht sündigen... Nicht die Sündenhülse, sondern [das] Mysterium soll ewig bleiben.

Anti-Stiefelius II, 171-176

Unterwegs zur Wiedergeburt

Wir aber müssen unsere Imagination und Begierde in ihn [Christus] einführen, daß unser Moder [Docht] des verblichenen Bildes in ihm anhebe in Christi Geiste und Kraft zu glimmen...

Alsdann und so bald der äußere Mensch stirbt, daß die Seele des bösen Tiers [der Sterblichkeit] los wird, so hat sie die offene Porten in ihrer Liebe-Bildnis, in welcher Christus sich hat mit göttlichem Liebe-Feuer eröffnet, so ist die Vereinigung schon da. Die Braut herzet ihren Bräutigam als die edle Jungfrau in der Liebe Christi wieder aufgewachet. Sie nimmt die Seele als ihren lieben Bräutigam und Mann in ihre Arme der göttlichen Begierde ein.

Und was allhier geschehe, habe ich keine Feder dazu zu schreiben. Es ist mehr als menschlich oder natürlich zu schreiben, was Gottes Liebe und Gottes Süßigkeit sei, welches der bekehrte Mensch, so er wieder zu seinem Vater eingehet und sich für einen Säuhirten (Lukas 15,15) erkennet, die begangene Sünde bereuet und des Vaters Gnade suchet, erfähret. Wenn ihm Christus, sein Bräutigam, das jungfräuliche Kränzlein aufsetzet, da das Perllein der göttlichen Annehmung zum ersten Mal wieder gesäet wird; was die Jungfrau für Freude hat, wenn sie wieder das Leben bekommt und ihren Bräutigam Christum empfähet, wie holdselig sie sich gegen die Seele stellet und die Seele als ihren Mann in ihre Liebe fasset, davon wohl Seele und Leib in Freuden zittert.

Anti-Stiefelius II, 213-215

Alle drei Welten, als (1) die ewige finstere, kalt-feurische als die ewige Natur; (2) sowohl die ewige licht-feurische samt demselben Wesen als das reine Element und darin das Paradeis; (3) denn auch die äußere vier-elementische und siderische Welt mit ihrem Wesen waren in diesem geschaffenen Bild nur eine (einzige) in gleicher Konkordanz. Der Mensch war und ist die innere und äußere Welt.

Die innere Welt ist der Himmel, da Gott inne wohnet. Also war der Mensch auf Erden im Himmel. Das Innere und Äußere war eins. Das Innere offenbarte sich im Äußern als Gott in der Zeit. Das Äußere ist die Zeit; die war im Menschen in der Ewigkeit verschlungen.

Anti-Stiefelius II, 340 und 341

Die Zeit regiert nicht in Gott. Sie ist in ihm als ein Werkzeug, damit er regieret und machet. Nun verstehet uns von der Seelen: Die Seele ist nicht aus der Zeit der Natur. Sie ist der ewigen geistlichen Natur. Der Zeit Natur ist nur ihr Wohnhaus, auch als ein Werkzeug, mit dem sie machet. Sie hat in sich das Centrum zur Feuer- und Licht-Welt. Denn aus dem Centro ward sie dem Adam vom Hl. Geiste in Bewegung des Vaters aus dreien Prinzipien eingeblasen.

Und ist dies ihr Fall und Sünde, daß sie durch ihre mächtige Begierde hat die Eigenschaft der finstern Welt im Centro der ewigen Natur offenbaret, welches geschah durch Imagination, daß sie ihre Lust in das Werkzeug der Zeit als in die äußere Welt einführte, und wollte probieren, wie es schmeckte, so die Gleichheit und Konkordanz auseinander ginge, daß Böses und Gutes offenbar wäre, jedes in sich selber

Anti-Stiefelius II, 345 und 346

Adam war ein ganz Bild Gottes, als Gott ihn hatte geschaffen. Er war ein Mann und Weib, doch deren keines, sondern eine züchtige Jungfrau in der Gleichheit Gottes. Er hatte die Feuer-Matricem, auch die Licht-Matricem, aus welchem durchs Element das Wasser wird, durchs Sterben im Feuer erboren. Er hatte die Feuer- und Licht-Begierde in sich als die Mutter der Liebe und des Zorns nach den Prinzipien.

Das Leben stund in einer Coniunction steter innerlicher Freuden-Begierde ineinander. Das Feuer liebte das Licht als seine Sänftigung und Wohltun; und das Licht liebte das Feuer als sein Leben und Vater, wie Gott der Vater seinen Sohn, und der Sohn den Vater in solcher Eigenschaft liebet.

Und in solcher Liebe-Begierde als nach Feuer und Licht, in welcher Begierde sich auch die finstere Impression mit ihrem Hunger eingemenget, hat Gott Wesen geboren...

Also auch in seinem Bilde, dem Menschen, war die Feuer-Matrix und die Licht-Begierde in großer freudenreicher ewiger Coniunction...

Anti-Stiefelius II, 351-354

Wäre nun Adams Seele in ihrer Selbheit mit ihrem Geiste ins Wort der heiligen Kraft Gottes eingegangen und hätte nicht im Fiat die Selbheit erwecket, sondern sich in Gottes heiliger Kraft in der Begierde als in der Impression gestärket..., so hätte Adam mögen magisch nach göttlicher Art gebären, wie Gott die Kreatur gebar und ins Sichtbare darstellete, denn die Matrix der Vermögenheit war in ihm.

Als sich aber der Seelen Wille als der ausgehende Geist von Gottes Kraft abbrach... und ging aus der Gelassenheit in die Selbheit, da ging auch die Coniunction im Fleische in eine solche Begierde ein und hungerte nach der Mutter, daraus sie geschaffen worden. Eben in solcher Eigenschaft war der Hunger, wie er im Geiste war.

Mit diesem Hunger des Geistes und des Fleisches war die Eitelkeit im Centro durchs Fiat offenbar. Denn das Fiat impressete die Begierde, daß die Eitelkeit ins Wesen des Fleisches kam und offenbar ward: Da war es um das schöne Bild geschehen, denn die Eitelkeit liebte sich selbst. Sie wollte nicht in Gottes Liebe als in die heilige Kraft eingehen, konnte auch nicht; denn Gott nimmt die nicht an zum Kinde.

Anti-Stiefelius II, 357-359

Von Adam ward genommen sein schöner Rosengarten der großen Lust-Begierde der Freudenreich als die Licht-Tinktur nach der Liebe-Begierde Eigen und nach dem leiblichen Wesen.

Die geistliche Wasser-Eigenschaft, welche in der Liebe-Begierde durchs Feuer erboren wird und des Feuers oder Seelengeistes größte Ergötzlichkeit ist... Diese Venus-Mutter ward in ein Weib figurieret, und in Adam blieb die Feuer-Mutter als die seelische Mutter, welche ihren Hunger stets in Veneris Mutter einführet...

In welche Coniunction die Vollkommenheit der Freudenreich stehet. Und die Erfüllung der Begierde, welche die Lust der Eitelkeit aus dem Centro der Impression nach der finstern Welt Eigenschaft sollte verdecket und gefangen halten und sich nur in der Liebe ergötzen als in der Freudenreich.

Dieses Liebe-Spiel beider Tinkturen vom Feuer und Licht war in Adam in seinem Schlaf zertrennt, denn Gott teilet es im Fiat. Und allhier verlor Adam sein keusches Liebe-Spiel und seine Jungfrauschaft, welche ihm Christus wiederbrachte. Und in die Stätte seiner Rippe zum Weibe, da er zerbrochen ward, mußte Longini Speer (Johannes 19,34) eingehen, und mußte das wiedergeborene jungfräuliche Blut diesen Bruch tingieren und wieder ganz machen und heilen und den Grimm, der im Bruche war, ersäufen.

Anti-Stiefelius II, 366-369

Allhier als Adam zerteilet ward und der göttlichen Macht entschlief, ward er samt seinem Weibe mit seinem Lustgarten in das äußere natürliche Leben geordnet. Denn der göttliche Verstand war in ihm verblichen. Denn er war vom göttlichen Liebe-Feuer mit seiner Begierde ausgegangen in die Selbheit, nach der Eitelkeit als nach der Offenbarung der Natur, nach Kunst und Vielwissen.

Das bekam er auch, verlor aber dadurch das Wissen der göttlichen Freudenreich. Er war zwar noch im Paradeis mit seiner Eva, als ihn der Geist der äußeren Welt aufweckte, doch in der Lust der Eitelkeit samt seiner Eva, zu welcher ihnen der Teufel hernach mehr Ursache gab an dem Versuchbaume, wie oben gemeldet worden.

Adam schlief ein der göttlichen Welt und wachte auf der äußern Welt... Denn allda huben die Eigenschaften des Ekels im Centro naturae an zu qualifizieren.

Anti-Stiefelius II, 371-373

Ingleichen ward Adams und Evas schöner güldener Leib in göttlicher Kraft und Wesen zu einem finstern, dunkeln Blei. Im Gleichnis geredet: Der güldene Mercurius wachte in der Eitelkeit des Giftes auf. So verblich das Gold als der heilige Leib im Ekel. Jetzt ward er ganz irdisch und mußte zur Erden werden. Aber die Stimme Gottes, welche ihnen [Adam und Eva] wieder rief, vermählte sich wieder mit der Verheißung zum Schlangentreter [Christus] in Veneris Matricem als ins zweite Principium, in das Teil der himmlischen Wesenheit, in welcher zuvor das

Wort oder göttliche Hall war offenbar gewesen. Aber als der Seelen Begierde davon ausging und in sich verblich, so war in dieser Vermählung im Blei, Gold und Blei untereinander. Doch war das Gold nicht offenbar, bis sich Gottes Mercurius im Worte der Verheißung im Blei, als im Fleische, offenbarte. So ward das Blei in Christi Menschheit wieder in Gold verwandelt, und ward der Prozeß gehalten, wie die Verwandelung der Metallen gehalten wird, welche in Gold verwandelt werden...

Also ist das Ziel des Bundes als das verheißene neue güldene Leben in Veneris Matrice mit fortgepflanzet worden als eine Möglichkeit zur göttlichen Wiedergeburt...

Anti-Stiefelius II, 382-383

Denn das äußere Bild des Menschen sollte auch vom Zorne und Tode erlöset werden und wieder aufstehen aus der Erden. Darum mußte Christi äußere Menschheit vom Reiche dieser Welt, auch von diesem Kelche trinken, welchen Gott der Vater dem Adam in seinem Zorn eingeschenket hatte. Den mußte Christus austrinken und den Zorn in Liebe verwandeln. Darum sagte Christus: Ists möglich, so gehe er von mir. – Es war aber nicht möglich, den Zorn zu überwinden, der süße Name Jesus trinke denn den in sich und verwandele den in Freude. So sprach Christus: Vater, dein Wille geschehe, und nicht meiner Menschheit Wille.

In Adam sollte auch Gottes Wille geschehen (Matthäus 26,39). Aber er führte seinen eigenen Willen durch der

Schlangen List empor. Denselben eigenen Willen mußte jetzt die Menschheit Christi am Kreuze dem Zorne Gottes geben zu verschlingen. Aber der heilige Name Jesus führte ihn in den Tod der Selbheit, daß er mußte im grimmen Tode sterben und durch den Tod in seiner Auferstehung wieder in die wahre Gelassenheit als in die göttliche Harmonei eingehen.

Adam stund im Paradeise in seiner Aufwachung des Zornes vor Gott und allen heiligen Engeln in großer Schande, und der Teufel [ver]spottete ihn, daß dieses Bild Gottes, welches ihm seinen königlichen Stuhl sollte besitzen, war zu einem monstrosischen Tiere worden. Und in diesen Spott mußte Christus eingehen, sich lassen verhöhnen, verspotten, verspeien, geiseln, mit Dornen krönen als einen falschen König; denn Adam war ein König und Hierarcha, ward aber falsch und abtrünnig. Allhier stund Christus an seiner Stelle... Und in Summa: Der ganze Prozeß Christi von seiner Menschwerdung an bis zu seiner Himmelfahrt und Sendung des Hl. Geistes ist Adams Stand. Was Adam verwirket hatte, in dasselbe mußte sich Christus in Adams Person einstellen und das Leben wieder aus dem Tode führen.

Mysterium Magnum 23, 6-9

Da er [Christus] auf Erden ging, begehrte er sich niemals zu vermischen, sondern nur im Geiste, in der Seele und im Bilde Gottes... Er heiliget seine Hütte, die er besitzt und schließt wohl im Werk des Lebens auf und zu... Aber man muß das Äußere von dem Innern unterscheiden. Das eheliche Werk ist in sich, so es in der Ordnung geschieht, nicht sündlich, denn es wird durch Gottes Amtmann der Natur getrieben und unter göttlicher Geduld ertragen.

Gott stellet ihm die Menschwerdung Christi seines Sohns vor, wie bei den Juden die Opfer, welche ihm Gott im Bunde durch die künftige Menschheit Christi fürstellete und sich im Bund versöhnete, daß sein Zorn nicht im menschlichen Ekel entbrannte. Also auch in unserm ehelichen Werk stellet ihm Gott die wahre Bildnis, so in unserm Samen verschlossen liegt, in Christo seinem Sohne vor und gehet in der wirkenden Kraft in das Wesen derselben Bildnis von himmlischer Wesenheit als ein glimmender Moder [Docht] göttlicher Eigenschaft.

Hierinne liegt der heiligen Eheleute Kinder Heiligkeit... Das Wollen zum äußeren Werk der Vermischung muß man unterscheiden vom Wollen der göttlichen Heiligkeit und vom Wollen der selbsteigenen Lust. Die Natur will die Brunst-Lust als die Vermischung; Gottes Heiligkeit will die Coniunction der reinen Tinkturen, in welcher Coniunction das göttliche Zentrum als ein heiliger Feuerfunke in das Wesen des Himmelsbildes im Worte der Kraft mit einverleibet und im äußern Fleische mit einfleischet.

Wenn Christus geboren wird, soll der irdische Mensch weichen. Aber in dieser Zeit ist Christus im Himmel des Menschen, und der irdische Mensch auf Erden in seiner Selbheit in den vier Elementen.

Anti-Stiefelius II, 408-412

Die Kunst [als Kreativität verstanden] gibt zwar keine göttliche Kraft oder Weisheit, fördert auch nicht zu Gottes Reich. Sie gehöret aber dem äußern Menschen der Wunder Gottes, daß er soll Gottes Wunder und große verborgene Weisheit schauen und Gott in seinen Werken loben. Wenn der äußere Mensch keine Kunst lernet, so ist er dem Vieh am allernächsten, das da nicht weiß, was das Wesen aller Wesen ist.

Die göttliche Weisheit steht zwar nicht in Kunst und Vernunft. Sie weiset aber der Kunst den Weg, was sie ihm tun und wie sich suchen soll, ist doch die Kunst Gottes Werkzeug, damit die göttliche Weisheit arbeitet. Was soll ich sie denn verachten. Durch Kunst werden alle Kreaturen von Menschen regieret, und in Kunst wird der äußere Leib bedecket und vor Hitze und Kälte bewahret. ...

So jemand keine Kunst lernet, so können wir nicht mehr unsern Stand auf Erden treiben. Und so niemand mehr lernet beten, so bleiben alle Menschen in der Selbheit, so ist die Sünde ganz verdeckt und wird nicht mehr erkannt. Alsdann stehet die Torheit an der Stelle der Kunst und wird der Mensch in seiner Vernunft allem Vieh gleich. – Je tiefer ein Mensch von Gott gelehrt ist, je tiefer siehet er in Gottes Wundertat in der Kunst. Denn alle nützlichen Künste sind aus Gottes Weisheit geoffenbaret, nicht daß sie das sind, dadurch der Mensch zu Gott komme, sondern zum Regiment des äußern Lebens und zur herrlichen Offenbarung göttlicher Weisheit und Allwissenheit.

Anti-Stiefelius II, 460-463

In Erwartung der Wandlung
(Transmutation)

Ich muß nicht von einem andern Menschen sagen, nicht von einer andern Kreatur, sondern von einer Transmutation: den groben Stein in Gold, den Unheiligen in reine Heiligkeit [zu transformieren]. Soll das nun geschehen, so muß der rechte Künstler in mich kommen als der Hl. Geist mit der göttlichen Tinktur, welche ist Christi Blut, damit er die Eitelkeit unserer Menschheit zerbrach und unser rechtes Leben durch den Tod ausführte. Tingiert muß ich werden, sonst mag ich nicht transmutiert werden. So Christus mich mit seinem Blute nicht tingieret, so bleibt mein heilig Paradeis-Leben in Tode verblichen. Tingiert er mich aber, so wird der Hl. Geist in mir rege, der mich mag in Christi Fleisch und Blut transmutieren nach dem innern Paradeis-Menschen.

Anti-Stiefelius II, 524

Allhier ist der Acker, da die Frucht wächst: Lasse sich doch nur keiner zur Faulheit bewegen und in ein solches sanftes Bette legen, da er denkt, er sei schön gewachsen und habe ausgeblühet. O nein, nein, mit nichten! Nur immerdar ohne Unterlaß göttliche Essenz angezogen in der allergrößten Demut von und aus Gottes Liebe gesogen wie ein Bienlein aus den schönen Blumen ihren Honig! Denn sobald der Mensch sicher ist und denket, er sei ein heiliger Honig, so führet ihn des Teufels Gift in die Eitelkeit; die sauget der selbeigene Wille in eigener Lust in sich.

Der Mensch, der gern will in Gottes Reich wachsen und Frucht tragen, kann nichts bessers tun, als daß er alle seine Kraft, die er zu seines Lebens Gewächs brauchen will, durch Christi Blut und Tod saugen und immerdar seine Eitelkeit vor Gottes Wahrheit und Klarheit zu Boden werfe ...

Kein Heucheln erlanget das Perlen-Kleinod. Denn es liegt an keinem andern Ort als im Tod des irdischen Menschen vergraben. Der muß weg, alsdann ists offenbar. Der adamische Tod muß in Christi Tod verwandelt werden, soll Christi Perllein gefunden werden.

Anti-Stiefelius II, 538, 539 und 541

Die Gottheit ist in der menschlichen Seele gewesen und hat allhier dem Cherub sein Schwert zerbrochen, daß, gleichwie Adam hat seine Seele in das Gefängnis des Zornes geführet und hernach alle Seelen sind von Adam erboren worden und sind alle als in einer Wurzel im Zorn des Todes gefangen gewesen bis auf Christum, – also hat der edle Ritter Christus allhier in der menschlichen Seele den Tod zerbrochen und die Seele durch den Tod in seine ewige neue Menschheit eingeführet und in ewige Vermählung gesetzet.

Von drei Prinzipien 22, 55

Siehe, du edles Gemüte, der du das Reich Gottes begehrest, mit dir reden wir, und nicht mit dem Antichrist in Babel, der nur das Reich dieser Welt begehret!

Merke auf, der Schlaf ist aus, der Bräutigam kommt, denn die Braut spricht: Komm! Laß dirs ernst sein, vergaffe dich nicht an der Hand dieser Feder [d. h. unterschätze nicht den unscheinbaren Autor]. Es hats eine andere Feder geschrieben, welche du und ich nicht kennen. Denn das Gemüte, so es treu ist, ergreift die Gottheit. Schätze dich nicht so leicht. So du in Gott geboren bist, so bist du größer als diese Welt.

Von drei Prinzipien 22, 58

Ein Ratschlag des Autors

[Schließlich] wisse: das Himmelreich ist also in dich gesäet und ist klein als ein Senfkorn. Du bekommst wohl große Freude ob dem englischen Kranze. Aber schau zu, setze ihn nicht dem alten Adam auf, oder es gehet dir wie Adam. – Halt, was du hast; notleiden ist ein böser Gast!

Aus einem Zweiglein wächset endlich ein Baum, so der bleibet im guten Acker stehen. Es rauschet mancher kalte rauhe Wind über ein Zweiglein, bis ein Baum draus wächset. Es ist unbeständig. Du mußt vor den Versuch-Baum (Baum der Versuchung und der Erkenntnis), auch in die Wüsten der Welt Spott. Hältst du nicht, so hast du nicht. Reutest [rodest] du dein Zweiglein aus, so tust du, als Adam tat. Du wirst es schwerer wieder setzen als zuerst; jedoch wächsets im Rosental, dem alten Adam verborgen. Denn es war eine lange Zeit von Adam bis auf Christi Menschheit, in welcher der Perlen-Baum verborgen wuchs unter der Decke Mosis und kam doch zu seiner Zeit als ein Baum mit schöner Frucht hervor.

Also, ob du gefallen wärest und hättest verloren den schönen Kranz, verzage nicht. Suche, klopfe an, komm wieder und tue als zuerst, so wirst du erfahren, aus welchem Geiste diese Hand geschrieben hat. Du wirst hernach einen Baum bekommen für ein Zweiglein und wirst sagen: Ist doch mein Zweiglein ein Baum worden in meinem Schlafe. – Alsdann kennest du den Stein der Weisen, – das merke!

Vom dreifachen Leben des Menschen 7, 14-16

Mein lieber Leser: Wenn du die hohen Geheimnisse willst verstehen, so darfst [brauchst] du nicht erst eine Akademiam auf deine Nase setzen und eine Brillen brauchen und vieler Meister Bücher lesen, denn sie sind nicht allein auf den hohen Schulen zu suchen, zu finden und zu gründen. Es ist alles ein Tand ohne göttlichen Verstand, was die Vernunft in der Kunst dieser Welt suchet. Sie findet nicht mehr als diese Welt, und doch noch nicht halb. Sie gehet nur immer im Suchen und findet endlich Hoffart und Gleißnerei, indem sie weltliche Weisheit findet.

Suche nur das Wort und Herze Gottes, welches Mensch worden ist, in der Krippen beim Ochsen im Stalle, in der finstern Nacht. So du dasselbe findest, so findest du Christus als das Wort im Vater mit samt dem Vater, Sohne und Heiligen Geiste, dazu die ewige Natur, auch die englische Welt und Paradeis. Du findest deine blinde Vernunft, die dich also lange hat taumelnd als einen Trunkenen geführet. Du darfst dir nicht dein Gemüte mit hohen Sinnen zerbrechen. Du findest mit hohem Sinnen und Dichten nicht den Grund. Nur aneigne dein Gemüte und Sinnen mit aller Vernunft in die Liebe und Barmherzigkeit Gottes, daß du in dem Centro deines Lebens aus dem Worte und Herzen Gottes geboren werdest, daß sein Licht in deines Lebens Licht scheine, daß du eines seist mit ihm.

Vom dreifachen Leben des Menschen 3, 29 und 30

Zur vorliegenden Ausgabe

Das Leitwort »Suche dich und finde dich« benennt ein zentrales Thema Jakob Böhmes, die lebenslange Suche nach einer spirituell vertieften Selbst- und Welterkenntnis, – enthalten in seiner Schrift *Von der Menschwerdung Jesu Christi*. Teil III, Kap. 5, Vers 6. Die Auswahl als solche dürfte deutlich machen, daß die Suche nach dem wahren Selbst bei Böhme stets den ganzen Wirklichkeitskosmos einbezieht. Insofern ist Böhmes (wörtlich zu verstehende) Anthroposophie eingebettet in die Totalität einer Theo- und Kosmosophie, die ihrerseits christosophisch angelegt ist, d. h., der Mensch soll nicht der bleiben, der er momentan ist. Er muß und er kann mit Blick auf den Christus-Geist den Prozeß einer spirituellen Neugeburt durchlaufen.

Die hierzu ausgewählten Textabschnitte werden auf der Basis der maßgeblichen Gesamtausgabe von 1730 geboten. Die Wortlaute sind behutsam normalisiert, das heißt, sie sind der heutigen Rechtschreibung und Zeichensetzung angeglichen. Dies geschieht analog zu der ebenfalls im Insel Verlag im Erscheinen begriffenen Edition der Hauptschriften Böhmes, unter ihnen:

Aurora oder Morgenröte im Aufgang (it 1411); *Christosophia* (it 1412); *Von der Menschwerdung Jesu Christi* (it 1737); *Von der Gnadenwahl* (it 1738); *Theosophische Sendbriefe* (it 1786).

Einfügungen des Herausgebers stehen in Klammern. – Weil Böhmes Schriften in den Gesamtausgaben (seit 1682), ähnlich der Bibel, jeweils nach Kapiteln und Verseinheiten gegliedert sind, lassen sich die einzelnen Abschnitte im Zusammenhang unschwer finden. Das trifft auch für die nach gleichen Editionsgesichtspunkten herausgegebenen Ausgaben des Insel Verlags zu. Es bedarf somit keiner zusätzlichen Quellenangaben.

Über Leben, Werk und Wirkung informiert:

Gerhard Wehr: Jakob Böhme in Selbstzeugnissen und Bilddokumenten. Reinbek 1971; 6. Aufl. 1991 (Rowohlt Monographie 179).

Ders.: Jakob Böhme-Inspiration und Wirkungsgeschichte (Arbeitstitel, in Vorbereitung).

Inhalt

Hinführung: Jakob Böhme – ein Leben aus der Stille heraus 5

Die Texte 13
   Rechenschaft des Autors 15
   Angesichts der göttlichen Sophia 20
   Vom doppelten Ursprung des Menschen 28
   Von männlich-weiblicher Ganzheit 34
   Christus als der neue Mensch 41
   Unterwegs zur Wiedergeburt 47
   In Erwartung der Wandlung (Transmutation) . . 57
   Ein Ratschlag des Autors 60

Zur vorliegenden Ausgabe 63